Histoires de CHEVALIERS

FLEURUS

Victor et le château fort

Au début du Moyen Âge, les châteaux forts avaient vraiment une drôle d'allure : c'étaient de simples tours en bois avec des échelles partout… Car les escaliers n'existaient pas encore ! Dans un de ces châteaux vivait Victor, un chevalier pas très musclé et plutôt rondouillard, qui adorait les crêpes au miel. Et qui détestait les échelles !

« Ho hisse ! Ouf, ouf, ouf ! »

soufflait-il à longueur de temps.

Quelle fatigue de monter et descendre toute la journée ces maudites échelles !

Surtout lorsqu'on a une armure sur le dos !

Victor était épuisé par ces efforts.
Si bien que tous ses entraînements tournaient à la catastrophe.

Hop ! à peine était-il perché sur son destrier

que paf ! un chevalier plus musclé le renversait avec sa lance,

et boum ! il tombait par terre.

Pour comble de malheur, son armure était si lourde que Victor n'arrivait même pas à se relever ni à remonter tout seul sur son cheval.

Alors il restait par terre… les quatre fers en l'air !

Un jour, le seigneur du château se fâcha tout rouge :

« Espèce de paresseux !

Nos ennemis vont bientôt attaquer et toi, tu es incapable de me défendre. Tu ne mérites pas d'être mon chevalier ! »
Tristement, Victor se traîna jusqu'à son destrier.
Il aurait tant aimé que son seigneur soit fier de lui…
Quel piètre chevalier il faisait !

Comme d'habitude, son écuyer plaça ses mains en marchepied pour l'aider à monter en selle. Victor posa son pied sur la marche… et s'arrêta net.

« Une marche…
des marches !

Et si on remplaçait les échelles du château par des escaliers ? Ce serait beaucoup plus pratique ! » s'écria-t-il.

« Pas question ! répondit le seigneur.
Regarde notre donjon : en cas d'attaque, il nous suffit d'enlever les échelles et plus personne ne peut rentrer. »
Victor contempla le donjon en bois… et il éclata de rire.

« Je ne suis peut-être pas très musclé, mais votre château, il n'est vraiment pas très fort !

Personne ne peut y rentrer sans échelle, mais tout le monde peut le brûler. Moi, j'ai une meilleure idée… »

Et quelques mois plus tard, en arrivant devant le donjon, les ennemis eurent une drôle de surprise : devant eux se dressait une immense forteresse de pierre entourée de remparts.

Impossible d'y mettre le feu !

Alors ils tentèrent de l'escalader en lançant des cordes. Mais derrière les remparts, il y avait des escaliers partout ! Victor et tous les chevaliers les grimpaient quatre à quatre, transportant d'énormes marmites d'huile bouillante qu'ils déversaient sur la tête des ennemis. Puis ils les criblaient de flèches depuis les créneaux…

« Ho hisse !

Aïe aïe aïe !

Ouille ouille ouille ! »

C'est ainsi que le premier véritable château fort de l'histoire vit le jour. Et c'est ainsi que le seigneur de Victor devint le roi du pays. Quant à Victor, il fut proclamé meilleur chevalier du royaume… et plus jamais il ne grimpa à une échelle de sa vie !

Un tournoi ensorcelé

Dans une forêt vivait Gribouillon, un lutin malicieux.
Un jour où il s'ennuyait, il se rendit dans le village voisin pour se faire des amis.
Hélas, avec son nez d'éléphant, ses doigts tordus, ses cheveux verts et blancs, et ses pieds pointus… personne ne voulut de lui.

Alors, pour ne plus être seul, il décida d'enlever quelques enfants.

Les villageois se doutèrent que le lutin, qui avait souvent fait de vilains tours, était à l'origine de ces disparitions. Malheureusement, il avait ensorcelé la forêt, et aucun parent n'osait s'y aventurer.

« Demandons de l'aide au seigneur Tanguy.
Ce savant connaît les secrets de la magie,
il saura entrer dans la forêt ! »

Pendant ce temps, dans le village, un jeune garçon finissait d'enfiler ses bottes.

On l'appelait Josselin le Courageux, car rien ne lui faisait peur.

Il rêvait de devenir chevalier et avait décidé que son devoir était de libérer les enfants.
Quand il fut prêt, il prit en cachette le chemin de la forêt…

Arrivé à l'orée du bois, Gribouillon l'aperçut.
« Que viens-tu faire ici ? grogna-t-il.
– Je viens délivrer les enfants !
– Si quelqu'un entre dans cette forêt, Gribouilli, Gribouilla, je le transforme en perroquet, en ouistiti ou en gros chat ! Mais aujourd'hui, j'ai envie de m'amuser : organisons un tournoi.

Si tu gagnes, tout le monde pourra partir ! »

Josselin accepta le marché.
Gribouillon fit apparaître deux chevaux et revêtit le garçon d'une belle armure. Il installa ensuite les enfants dans les tribunes d'une clairière enchantée, d'où il était impossible de s'enfuir.
Les deux adversaires se placèrent à chaque extrémité du champ, et les chevaux s'élancèrent l'un vers l'autre.

Gribouillon fit alors jaillir un jet d'eau de son nez d'éléphant et arrosa Josselin abondamment.
Puis des serpentins multicolores s'envolèrent de ses doigts tordus, s'enroulant interminablement autour du pauvre garçon.

« Ah, ce Gribouillon, quel fripon ! »

grimacèrent les enfants.

Josselin fit demi-tour et éperonna à nouveau son cheval. Il fonça sur Gribouillon et parvint à lui effleurer la tête avec sa lance. Aussitôt, le cheval du lutin lança d'impressionnants éclairs verts et blancs.

Devant ce spectacle ridicule,
Josselin fut pris d'un fou rire
incontrôlable.

Il rit si fort que le cheval de Gribouillon se cabra, faisant tomber le lutin à terre. Notre ami en profita pour se jeter sur lui et l'immobiliser avec son épée.

– Gribouilli, Gribouillé,
que les enfants soient libérés !

se résigna Gribouillon, l'épée sous le menton.
À cet instant, le seigneur Tanguy arriva au galop.
« Je vois, jeune homme, que vous n'avez plus besoin de moi.
Puis-je savoir votre nom ?
– Josselin le Courageux, je suis venu sauver les enfants.
– Ton exploit mérite récompense ! décida Tanguy.
Que dirais-tu de devenir chevalier ? »
Les yeux de Josselin pétillèrent de joie.
Tout ému, il s'agenouilla pour recevoir le titre dont il rêvait.
Quant à Gribouillon, il rôde encore dans quelque forêt.
Mais rassurez-vous, le seigneur Tanguy lui a fait promettre
de cesser ses mauvais tours. Et on dit même que Josselin
et le lutin sont devenus bons amis…

PEINTURES
FRAÎCHES!

Hip hip hip... Atchoum !

Le chevalier Arthur était né dans une grande famille.
Son père était un chevalier redouté, comme l'avait été son père et le père de son père.
Comme eux, Arthur était grand, fort et courageux.
Pourtant, tout le monde se moquait de lui, car il avait un grave défaut : il était allergique. Pas aux amandes, ni aux noix, ni au pollen.

Non, Arthur était allergique aux émotions !

Dans une bataille, quand la peur s'emparait de lui (ce qui est bien normal, même si on est très courageux), il se mettait à éternuer.
Une fois, deux fois, trois fois… sans pouvoir s'arrêter !
À chacun de ses tournois, il sentait soudain son nez le démanger.

La seconde d'après, il éternuait
une fois, deux fois, trois fois…
et tout le public éclatait de rire.

Mais le pire, pour Arthur, était d'être en présence de damoiselle Isabeau aux yeux pervenche.

Il en était tombé amoureux au premier regard.

Depuis, chaque fois qu'il s'approchait d'elle, son cœur battait à tout rompre et il était pris d'une crise d'éternuements épouvantable. Le pauvre chevalier désespérait de pouvoir seulement la saluer.

Or, un jour, un terrible événement survint.
Au cours d'une promenade, Isabeau fut enlevée par un dragon terrifiant qui se cachait dans la Montagne Noire.

Douze chevaliers partirent à son secours.

Mais ils revinrent grillés comme des saucisses, clamant haut et fort que ce dragon était invincible. Et tout le monde abandonna l'espoir de sauver la damoiselle.

« Moi, j'irai la chercher ! »

s'écria alors Arthur.

Les moqueurs firent semblant d'éternuer, mais Arthur les ignora. Il prit son épée, sa lance et son bouclier, et s'engagea sur le chemin.

Bientôt il aperçut des troncs fumants, prouvant que le repaire du dragon était proche…

En arrivant devant la grotte, Arthur sentit la peur monter en lui. Et à son premier éternuement, il eut très envie de prendre ses jambes à son cou. Puis il pensa aux beaux yeux pervenche d'Isabeau et décida de continuer.
Mais il éternuait tant qu'il dut lâcher son épée et sa lance.
Soudain, le monstre apparut et les jambes d'Arthur se mirent à trembler. Le dragon était effrayant !
« Comment oses-tu venir me déranger ? gronda-t-il.
– Je… je viens… délivrer damoiselle Isabeau, bredouilla Arthur.

– Toi ? Ah, ah, ah !
Je vais plutôt te transformer en croque-dragon ! »

Et le monstre déploya ses ailes et ouvrit sa gueule.
Du plus profond de lui-même, Arthur sentit alors monter un éternuement terrible.

« AAtchouuum ! »

Ce fut pire qu'un ouragan !

Le feu qui s'apprêtait à jaillir de la gueule du dragon
fut éteint telle une bougie sur un gâteau d'anniversaire.
Aussi rapide que l'éclair, Arthur passa alors entre
les pattes du monstre et rejoignit Isabeau.
Et ils s'enfuirent à toutes jambes, laissant derrière eux
un dragon bien troublé.
Une fois en sécurité dans la forêt, les yeux d'Isabeau
brillaient d'admiration en regardant son héros.
Arthur, tout étonné, lui tenait la main sans même
avoir le nez qui démangeait : il était guéri !
Quant au dragon, personne ne le vit plus cracher du feu.
Désormais, chaque fois qu'il ouvrait la gueule,
il éternuait en postillonnant !

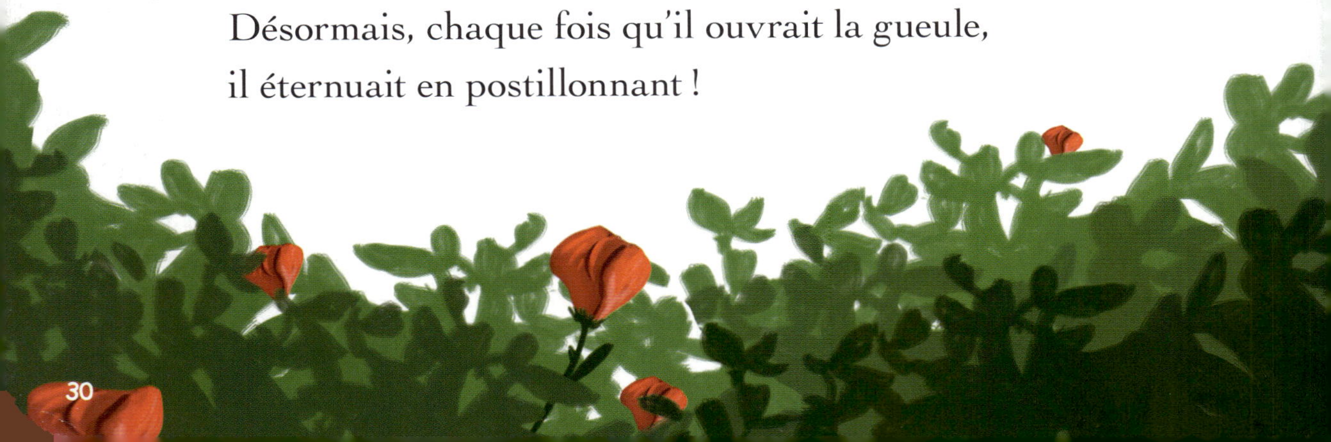

Victor et le château fort,
un texte d'Emmanuelle Lepetit illustré par Bruno Robert.

Un tournoi ensorcelé,
un texte de Mireille Valant, illustré par Pascal Vilcollet.

Hip, hip, hip...Atchoum !
un texte de Nathalie Somers illustré par Fred Multier

FLEURUS

Illustration de couverture : Bruno Robert
Direction : Guillaume Arnaud
Direction éditoriale : Sarah Malherbe

Édition : Virginie Gérard-Gaucher
Direction artistique : Élisabeth Hebert,
Conception graphique : Amélie Hosteing
Mise en pages : Timm Borg

Fabrication : Thierry Dubus, Aurélie Lacombe

Site : www.fleuruseditions.com
ISBN : 978-2-2151-1879-4
MDS : 651 654
N° d'édition : 12013-01

« Loi n° 49-956 du 16 juillet 1949 sur les publications destinées à la jeunesse. »

Achevé d'imprimer en décembre 2011 par Dedalo Offset, Espagne
Dépôt légal : janvier 2012